Andrea Lenz

Einführung in die Tuchjonglage

GRIN Verlag

Bibliografische Information der Deutschen Nationalbibliothek:

Die Deutsche Bibliothek verzeichnet diese Publikation in der Deutschen National-
bibliografie; detaillierte bibliografische Daten sind im Internet über http://dnb.d-
nb.de/ abrufbar.

Impressum:

Copyright © 2003 GRIN Verlag GmbH
Druck und Bindung: Books on Demand GmbH, Norderstedt Germany
ISBN: 978-3-640-73793-2

Dieses Buch bei GRIN:

http://www.grin.com/de/e-book/36046/einfuehrung-in-die-tuchjonglage

Universität Koblenz-Landau
Abteilung Koblenz
Institut für Sportwissenschaft

Fachpraktikum Sport
2. Unterrichtsversuch

Einführung in die Tuchjonglage

Schule: Regionale Schule Untermosel in Kobern-Gondorf
Klasse: 6b (Mädchen)
Zeit: 4. Stunde
Datum: 27.01.2004

Inhaltsverzeichnis

1. Einordnung der Unterrichtsstunde

1.1 Einordnung in den Lehrplan

Der Lehrplan Sport der Sekundarstufe 1 ist in drei Bereiche gegliedert. Der Bereich A umfasst die Teilbereiche Gerätturnen, Gymnastik und Tanz, Leichtathletik und Schwimmen, Bereich B die Ballsportarten (Fußball, Handball, Volleyball, Basketball...). Pädagogischer Freiraum wird in Bereich C gewährleistet.

Der Bereich A wird in der sechsten Klasse mit 40, Bereich B mit 15 und Bereich C mit 25 Stunden angesetzt.

Die vorliegende Stunde zum Thema Jonglieren kann eindeutig dem Pädagogischen Freiraum in Bereich C zugeordnet werden, welcher „inhaltlich nicht festgelegt"[1] ist und besondere Möglichkeiten eröffnet, „auch die Inhalte eines erweiterten Sportbegriffs...zum Thema des Unterrichts zu machen"[2]. Dazu gehört beispielsweise auch die „Vermittlung einer Sportart mit alternativem thematischem Schwerpunkt"[3]

Jonglage in den Sportunterricht mit einzubeziehen, wird im Lehrplan zwar nicht explizit, doch allgemein im Rahmen des pädagogischen Freiraums gerechtfertigt.

So wird beispielsweise gefordert, „die enge Bindung an traditionelle Sportarten aufzugeben und weitere Sportarten...mit einzubeziehen"[4]

Auch in den pädagogischen Perspektiven nach Kurz lässt sich die Jonglage als Mittel von Ausdruck (Darstellung, Gestaltung) und Miteinander (Soziales Lernen, Umwelt) wiederfinden.

Im Rahmen des Sportunterrichts sollen die Schüler unter anderem auch Sach- und Methodenkompetenz erwerben. Dazu gehören sowohl die „Fähigkeit zum kreativen Umgang mit Formen der Bewegung" (Sachkompetenz)[5] sowie die „Fähigkeit zur

---

[1] Lehrplan Sport für die Sekundarstufe 1, S. 6
[2] Lehrplan Sport für die Sekundarstufe 1, S. 6
[3] Lehrplan Sport für die Sekundarstufe 1, S. 51
[4] Lehrplan Sport für die Sekundarstufe 1, S. 6
[5] Lehrplan Sport für die Sekundarstufe 1, S. 7

Kooperation mit den Mitschülern" (Methodenkompetenz)[6], welche beide durch Jonglieren begünstigt werden.

Schlussendlich werden durch Jonglage die koordinativen Fähigkeiten Rhythmisierung, Reaktion, Anpassung und Orientierung gefördert und so ein Beitrag zu den grundlegenden Zielen des Sportunterrichts, nämlich der Förderung konditioneller und koordinativer Fähigkeiten, geleistet.

1.2 Einordnung in eine Unterrichtseinheit

Die vorliegende Stunde stellt den Einstieg in eine Unterrichtseinheit zum Thema „Jonglieren mit Tüchern und Bällen" dar.

Die Tuchjonglage bildet aufgrund ihres relativ geringen Schwierigkeitsgrades den Einstieg in die Unterrichtseinheit und gleichzeitig die technische Grundlegung für die folgende, wesentlich schwierigere Jonglage mit drei Bällen.

In der vorliegenden ersten Unterrichtsstunde zu diesem Thema werden die Schüler die Technik / das Grundmuster der Dreituchjonglage allein sowie mit Partner erlernen, worauf dann in den folgenden zwei Stunden mit ein paar Tricks aufgebaut wird.

Anschließend erfolgt die Einführung in die klassische Dreiballjonglage. Da die Technik zwar der der Tuchjonglage sehr gleicht, jedoch durch die schneller fliegenden Bälle schwieriger ist, werden für das Grundmuster Kaskade drei Stunden angesetzt. Den Abschluss der Unterrichtsreihe bildet das Erlernen einfacher Tricks mit drei Bällen.

Da Jonglieren eine sehr wirkungsvolle Sportart ist, böte es sich an, das im Unterricht Erlernte im Rahmen einer kleinen Vorführung beispielsweise bei einem „Tag der offenen Tür" der Schule zu präsentieren.
Ebenfalls möglich wäre auch die Einbindung der Einheit in eine Unterrichtsreihe beziehungsweise ein Projekt zum Thema Zirkus. Hier könnten Unterrichtseinheiten zu Akrobatik und Tanz ebenso einbezogen werden wie – im Hinblick auf

---

[6] Lehrplan Sport für die Sekundarstufe 1, S. 8

fächerübergreifendes Arbeiten – Musikbeiträge oder passendes aus anderen Fachbereichen.

Das Thema „Jonglage" könnte zu einem späteren Zeitpunkt, beispielsweise im nächsten Schuljahr, wieder aufgegriffen werden und - je nach Materialausstattung der Schule – mit Unterrichtseinheiten zu den Themen „Jonglieren mit Ringen", „Jonglieren mit Keulen" „Spiel mit dem Diabolo", „Spiel mit dem Devil Stick" oder anderen Zirkuskünsten wie „Balllaufen" oder „Schwarzlichttheater" usw. ausgebaut werden.

1. Stunde	Einführung in die Tuchjonglage: Grundmuster Kaskade (3 Tücher)
2. + 3. Stunde	Tricks in der Dreituchjonglage
4. + 5. Stunde	Einführung in die Balljonglage: Grundmuster Kaskade (3 Bälle)
6. Stunde	Festigung der Kaskade mit Bällen – allein und mit Partner
7. – 9. Stunde	Tricks in der Dreiballjonglage

2. Allgemeine und spezielle Voraussetzungen der Schülerinnen

Die Schülerinnen der Klasse 6b der Regionalen Schule „Untermosel" in Kobern-Gondorf haben bisher noch keine Erfahrung mit Jonglage gesammelt.

Aufgrund ihrer Freude an der Bewegung und am Sport gehe ich aber davon aus, dass sie das Thema „Jonglieren mit Tüchern und Bällen" bereitwillig und interessiert aufnehmen werden.

In den bisher von mir beobachteten Unterrichtsstunden dieser Klasse zum Thema Basketball hat sich gezeigt, dass die Schülerinnen die für das Jonglieren notwendigen Voraussetzungen erfüllen:

Sie sind in der Lage, Bälle aus kurzen bis mittleren Distanzen sicher zu werfen und zu fangen und haben zum größten Teil ein gutes Gespür für den Rhythmus einer Bewegung, welcher bei der Jonglage eine große Rolle spielt.

Auch bei der Koordination von Bewegungen und der Reaktion zeigen sie gute Leistungen.

Natürlich gibt es ein paar Schülerinnen, bei denen die genannten Fähigkeiten und Fertigkeiten weniger gut beherrscht werden als bei anderen. Ich denke jedoch, dass sie durch die Jonglage ihre Defizite mindern oder ausgleichen können.

3. Lernziele

3.1. Grobziel

Die Schülerinnen sollen das Grundmuster sowie einige Tricks der Jonglage mit drei Tüchern bzw. drei Bällen erlernen.

3.2 Feinziel

Die Schülerinnen sollen das Grundmuster „Kaskade" der Jonglage mit drei Tüchern erlernen.

4. Sachanalyse

4.1 Jonglieren

Jonglieren heißt, beliebig viele Gegenstände jeglicher Art in die Luft zu werfen und geschickt wieder aufzufangen. Zum Jonglieren zählen beispielsweise die Tuch-, Ball- Ring- und Keulenjonglage, aber auch das Spiel mit Diabolo, Devil Stick, Zigarrenkisten sowie das Tellerdrehen.

Wo und wann die Jonglage entstand, ist nicht bekannt. Schon seit uralter Zeit wird mit dem In-die-Luft-werfen und Fangen von Dingen gespielt. Da dies sehr sehenswert ist, dient Jonglage oft als Unterhaltung eines Publikums, wie es zum Beispiel im Mittelalter bei den Narren der Fall war.

Die Kunst des Jonglierens fordert – und fördert – eine Vielzahl an motorischen Fähig- und Fertigkeiten: Rhythmusgefühl sowie genaues Werfen und Fangen zählen ebenso dazu wie die Augen-Hand-Koordination und eine schnelle Reaktion. Auch Balance, Konzentration, Geduld und peripheres Sehen sind gefragt. Durch Jonglieren wird die Beidhändigkeit gefördert, es verbessert sich die Groß- und Feinmotorik, und – auf charakterlicher Ebene – Selbstbewusstsein und Zielstrebigkeit. Auch die Kooperation mit anderen, also die Teamfähigkeit, wird -beispielsweise durch Partnerjonglage - geschult.

4.2 Tuchjonglage

Die Tuchjonglage ist eine der einfachsten Techniken beim Jonglieren. Da die Tücher sehr langsam fliegen, hat der Jongleur mehr Zeit, sich auf die einzelnen Wurf- und Fangbewegungen zu konzentrieren als dies bei der Ball-, Ring- oder Keulenjonglage der Fall ist.

Am besten hierfür geeignet sind Tücher aus Nylon, da sie besonders leicht sind und daher gute Flugeigenschaften besitzen.

Das langsame Schweben der bunten Tücher hat – trotz der leichten Technik – eine große Wirkung auf die Zuschauer und bringt so auch Jonglieranfängern schon die ersten Erfolge ein.

4.3 Halten, Werfen und Fangen der Tücher bei der Tuchjonglage

Die Tücher werden mit Daumen, Zeige- und Mittelfinger in ihrer Mitte gefasst, so dass sie gleichmäßig und relativ kurz hängen (siehe Zeichnung a) Muss noch ein zweites Tuch in der Hand gehalten werden, so fasst man dieses mit Ring- und kleinem Finger. Beim Werfen werden die Arme fast gestreckt nach oben geführt, wo dann das Tuch mit einer Bewegung, die dem Winken gleicht, abgeworfen wird (siehe Zeichnung b). Beim Fangen wird das Tuch in einer geraden Abwärtsbewegung von oben gegriffen, man spricht hier auch von „Krallen" (siehe Zeichnung c)[7].

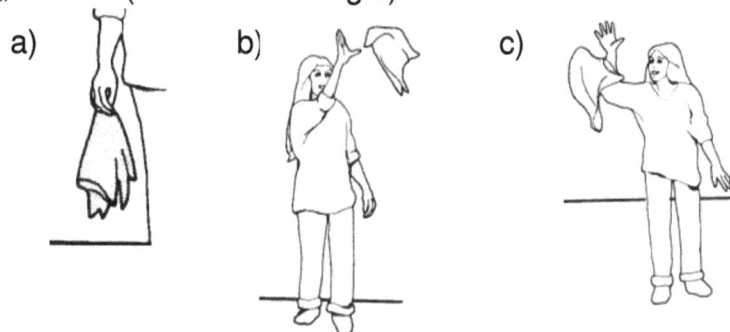

4.4 Grundtechnik des Jonglierens: das Grundmuster Kaskade

Die Kaskade kann mit einer ungeraden Anzahl von Gegenständen jongliert werden. In dieser Stunde wird die Jonglage mit drei Tüchern erlernt, weshalb ich die Kaskade auch an diesem Beispiel erkläre:

Die Flugbahn der Tücher beschreibt bei der Kaskade eine liegende Acht. Die Tücher werden dabei stets von einer Hand schräg nach oben zur anderen Körperseite geführt und dort abgeworfen. Bei der Abwärtsbewegung der Hand wird ein fallendes Tuch gerade gefangen, um anschließend wieder schräg nach oben geworfen zu werden usw.[8]

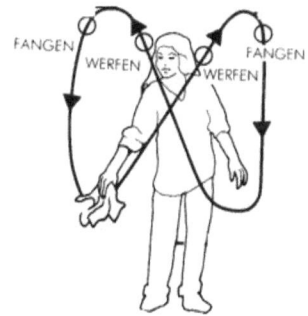

---

[7] Abbildungen aus: Finnigan, D. (1988) S. 14
[8] Abbildungen aus: Finnigan, D. (1988) S. 15

Zu Beginn der Jonglage werden zwei Tücher in einer (meist der stärkeren) und eins in der anderen Hand gehalten. Tuch 1 (das vordere Tuch aus der stärkeren Hand) wird dann entsprechend der Flugbahn geworfen. Tuch 2 (das Tuch aus der zweiten Hand), wird in die andere Richtung abgeworfen, sobald Tuch 1 den höchsten Punkt erreicht hat. Anschließend fängt die zweite Hand im Herabkommen das erste Tuch, während gleichzeitig Tuch 3 (das hintere Tuch aus der starken Hand) geworfen wird. Anschließend wird Tuch zwei auf gleiche Art gefangen und zur selben Zeit das erste Tuch erneut geworfen usw. (siehe Anhang 1)

4.5 Partnerjonglage

Die Partnerjonglage bietet - neben zahlreichen Tricks für die Einzeljonglage - viele Möglichkeiten, um das Jonglieren abwechslungsreich zu gestalten. Dabei kann sowohl mit der Zeit (gleichzeitig oder nacheinander jonglieren) als auch mit dem Raum (nebeneinander, voreinander, einander gegenüber, in verschiedenen Ebenen jonglieren) gespielt werden (vgl. Anhang 2). Das Jonglieren mit einem Partner erfordert Kooperation und Absprachen. Man muss sich aneinander anpassen, um erfolgreich miteinander jonglieren zu können. Auf diese Weise werden Kooperation und Teamfähigkeit geschult.

4.6 Kombination verschiedener Tricks

Jonglage lebt vom Kombinieren verschiedener Tricks. Kombinationen bringen Abwechslung ins Jonglieren und ermöglichen es dem Jongleur, seine Kreativität auszuleben. Dabei können z.B. Schwung- und Flugübungen mit Tüchern (vgl. Verlaufsplan und Methodisch-Didaktische Analyse) ebenso eingebaut werden wie selbst erfundene Kunststücke.

5. Methodisch-Didaktische Analyse

5.1 Einstieg

Zu Beginn der Stunde begrüße ich die Schüler und stelle Ihnen das Thema der heutigen Stunde vor. Um etwas über ihren Leistungsstand zu erfahren, frage ich sie nach ihren Kenntnissen auf dem Gebiet der Jonglage. Für diese Phase habe ich den Innenstirnkreis als Organisationsform gewählt, weil dort alle Schüler die andern sehen und ihnen so gut zuhören können.

5.2 Hinführung

Mit der Bewegungsaufgabe „Probiert aus, was ihr mit den Tüchern machen könnt, gebe ich den Schülerinnen zunächst einen Freiraum, um sich im selbsttätigen Handeln mit den Tüchern vertraut zu machen und ihre Neugier zu befriedigen. Die folgenden Aufgaben zum Finden von Schwung- und Wurfmöglichkeiten leiten schon zum Stundenthema hin.

5.3 Hauptphase

5.3.1 Erarbeitung

Die Vorübungen werde ich zuerst vormachen, die Schüler sollen dann mitmachen. Dadurch kann ich die Schüler gezielt und ohne viele Worte auf die Kaskade vorbereiten. Wir werden die Übungen gemeinsam im Kreis zum Rhythmus der Musik durchführen. Dadurch erhält diese Sequenz einen tänzerischen und spielerischen Charakter, die Schüler üben unbewusst, intensiv und ohne dass Langeweile aufkommt.

Bei den Übungen zum Schwingen stellt Übung a) „Seitschwingen" eine Einstimmung auf das gemeinsame Üben dar, ebenso wie b) „Vorschwingen", welche jedoch gleichzeitig eine Überleitung zu c) „Vorschwingen einarmig im Wechsel" ist. Die letztgenannte Form trainiert das gleichmäßige abwechselnde Hochführen der Arme und wird durch das schräge Schwingen zur anderen Körperseite (d) fortgeführt und dem Grundmuster Kaskade angenähert. In Vorübung e) „Kreisschwingen einarmig abwechselnd" wird die endgültige Kaskade-Armbewegung durchgeführt, ohne dass jedoch die Tücher geworfen werden.

Die anschließenden Wurf- und Fangübungen stellen eine Steigerung der Schwierigkeit dar, denn zu den Armbewegungen kommen jetzt noch die Handbewegungen beim Werfen und Fangen hinzu.

In Übung f) „gerade hochwerfen und fangen re, dito li." soll das Werfen und fangen zunächst nur mit den beiden Armen einzeln, d.h. unabhängig voneinander, geübt werden. Durch das Abwechseln der Arme wird die Beidseitigkeit gefördert. Das Abwechseln ist auch beim späteren Jonglieren der Kaskade nötig. Mit Übung g) „Schräg hoch werfen rechts, fangen gerade herunter links" lernen die Schüler, ein Tuch mit einer Hand zu werfen und mit der anderen zu fangen, was später bei der Kaskade laufend gefordert wird. Da die Übung nur mit einem Tuch durchgeführt wird, kann der Weg des Tuches, die liegende Acht, nachvollzogen werden.

In der folgenden Übung lernen die Schüler zwei Tücher nacheinander zunächst gerade hoch zu werfen und zu fangen und bereiten sich damit auf Übung i), die Kaskade mit zwei Tüchern vor. In i) werfen sie nun schon das Endmuster, allerdings noch nicht fortlaufend, da dies mit zwei Tüchern nicht möglich ist. Bei den beiden zuletzt genannten Übungen sind die verschiedenfarbigen Tücher eine Hilfe, um sich besser zu orientieren, welches Tuch wann geworfen und gefangen werden muss. Ein Mitsprechen der Farben in der richtigen Reihenfolge kann den Lernprozess erheblich beschleunigen.

Wenn nun das dritte Tuch ins Spiel kommt, muss zunächst geklärt werden, wie zwei Tücher in einer Hand gehalten werden, ohne dass sie sich verwickeln.

Die Schülerinnen sollen dann wie bisher Tuch 2 werfen, wenn Tuch 1 oben ist und auf dem Weg der zweiten Hand nach unten das erste Tuch fangen. Das dritte Tuch muss nun geworfen werden, wenn Tuch 2 oben ist. Die Tücher 2 und 3 sollen danach zunächst fallen gelassen werden. Dieser Schritt ist meiner Meinung nach notwendig, da viele Anfänger Schwierigkeiten mit dem Abwerfen des dritten Tuches haben.

Im nächsten Schritt sollen die Schüler dann versuchen, das zweite Tuch auch zu fangen, nachdem sie mit der gleichen Hand das dritte Tuch abgeworfen haben. Einige werden sicher nun von selbst erkennen, wie sie weiter jonglieren können. Sollte dies nicht der Fall sein, helfe ich mit dem Satz: „Wenn du die Tücher immer abwechselnd mit rechts und links wirfst und nach jedem Wurf ein herunterfallendes fängst, kannst du immer weiter jonglieren."

5.3.2 Festigung

Es folgt nun eine Phase eigenständigen Übens des fortlaufenden Jonglierens, welche ich mit einer Lehrer- bzw. Schülerdemonstration (falls jetzt schon ein Schüler fortlaufend jonglieren kann) einleite.

Durch das eigenständige Üben kann ich die Schüler individuell beraten und jeder kann nach seinem Lerntempo fortschreiten, der Unterricht läuft ab hier differenziert ab. Schwächere Schülerinnen müssen dabei gegebenenfalls noch einmal auf die Vorübungen zurückgreifen, um Fehler auszumerzen.

Um bei leistungsfähigen Jongleurinnen keine Langeweile aufkommen zu lassen, darf jede, die zwanzig Würfe am Stück - jedes geworfene UND wieder gefangene Tuch zählt – geschafft hat, das Jonglieren mit einer Partnerin ausprobieren. Dazu gebe ich ihnen verschiedene Möglichkeiten wie gemeinsam mit drei Tüchern zu jonglieren („Nebeneinander" siehe Anhang 2) oder sich die Tücher gegenseitig zuzuspielen (siehe „Abgeben" und „Klauen" Anhang 2). Die Schülerinnen haben so einen neuen Anreiz, mit dem sie das Grundmuster „Kaskade" festigen und gleichzeitig ihre Teamfähigkeit fördern können.

5.3.3 Anwendung

Die bisher erlernten Fertigkeiten sollen von den Schülerinnen nun in einer Gruppenarbeit zusammengestellt werden. Dazu erhalten sie die Bewegungs- und Gestaltungsaufgabe: „Erstellt in eurer Gruppe eine Präsentation, in die ihr die Kaskade sowie einige Schwung- und Wurfübungen und eventuell Partnerjonglage einbaut." Sie können dadurch die bisherigen Stundeninhalte kreativ kombinieren und schon eine richtige kleine Jonglageshow erarbeiten, was ihnen das Gefühl „Ich kann jonglieren" gibt. Mit Beginn dieser Übung schalte ich die Musik wieder ein. Die Gruppenmitglieder können sich an dem Rhythmus orientieren, um synchron zu jonglieren, wenn mehrere gleichzeitig etwas zeigen. Ich gebe meinen Schülerinnen noch den Hinweis, einen schönen Anfang und Schluss zu finden, damit die Zuschauer später wissen, wann die Show beginnt bzw. endet.

5.3.4 Kontrolle

Zur Lernkontrolle und um den Lernerfolg sichtbar zu machen, werden die Präsentationen schließlich gruppenweise den Mitschülern vorgeführt. Dabei ist wichtig, dass alle Zuschauer die Akteure sehen können, weshalb sich ein Innenstirnhalbkreis sitzend anbietet, vor dem die Jongleure stehen. Zur Bestätigung ihrer Leistung ist es außerdem unabdingbar, die Präsentationen mit Applaus zu belohnen.

5.4 Schluss

Zum Abschluss der Stunde setze ich mich mit den Schülerinnen für eine kurze Reflexion in den Kreis. Ich frage, ob sie das Jonglieren schwer oder leicht fanden, was ihnen schwer gefallen ist und wie sie die Schwierigkeit überwunden haben. Dadurch erfahre ich etwas über die von den Schülerinnen gesammelten Erfahrungen und die Schülerinnen können ihr Lernen resümieren, ihre Erfolge erkennen oder auch Anregungen von anderen erhalten, um ein Problem zu überwinden.

Außerdem möchte ich erfahren, was ihnen bei den Präsentationen gut gefallen hat und warum, um ihnen einen kleinen Eindruck zu vermitteln, wodurch Jonglageshows interessant werden.

6. Verlaufsplan

Phase / Zeit	Unterrichtsgeschehen	Intention	Methodisch-Didaktische Hinweise	Organisation / Medien
Einstieg Ca. 2 Minuten	• **Themenvorstellung**	• Einleiten des Stundenthemas • Neugier und Interesse wecken	➤ Thema vorstellen ➤ Nach Erfahrungen der SS mit dem Thema fragen ➤ Tücher zeigen ➤ Jonglagedemonstration	Innenstirnkreis, sitzend
Hinführung Ca. 5 Minuten	• **Freies Spiel mit zwei Tüchern**	• Kennen lernen des Sportgeräts	• **Bewegungsaufgaben:** ➤ „Probiert aus, was ihr mit den Tüchern machen könnt." ➤ „Findet Möglichkeiten, das Tuch zu schwingen." ➤ „Findet Möglichkeiten, das Tuch fliegen zu lassen"	• Schüler in der Halle verteilt ➤ 2 Tücher pro Schülerin
Hauptphase Erarbeitung Ca. 15 Minuten	• **Vorübungen mit 1-2 Tüchern** ➤ **Schwingen** a.) Seitschwingen beidarmig parallel links-rechts b.) Vorschwingen beidarmig (parallel vorne hoch) c.) Vorschwingen einarmig im Wechsel d.) Vorschwingen einarmig im Wechsel schräg nach oben zur anderen Körperseite e.) Kreisschwünge einarmig im Wechsel	• Spielerisches Erlernen der Armbewegungen beim Grundmuster „Kaskade" • Gewöhnung an die gleichmäßigen Bewegungen mit Hilfe des Musikrhythmus'	• **Vormachen L, mitmachen S.** ➤ Zwei verschiedenfarbige Tücher erleichtern Orientierung ➤ Erklären, wie Tuch gehalten wird (siehe 4.3) ➤ Übungen im Rhythmus der Musik durchführen ➤ Ganzen Körper in Bewegung bringen durch Federn im Knie etc. ➤ Auf richtige Ausführung achten ➤ Skizzen zu den Schwungformen: a) b) c) d) e)	• Großer Innenstirnkreis stehend ➤ 2 Tücher pro Schülerin ➤ Musik (100–120 bpm)

➤ **Werfen und Fangen**
f.) gerade hoch werfen und fangen re., dito li.
g.) schräg hoch werfen re, fangen li und umgekehrt im Wechsel
h.) Tücher nacheinander gerade hochwerfen und fangen:
Werfen re, werfen li, fangen re, fangen li
i.) Kaskade mit zwei Tüchern:
Nacheinander schräg hochwerfen & gerade fangen
Werfen re, werfen li, fangen li, fangen re
	• Wurf- und Fangtechnik erlernen
	
	• Muster Kaskade mit 2 Tüchern erlernen
		• **Vormachen L, mitmachen S.**
		➤ Zum Rhythmus der Musik
		➤ Bei Bedarf Einzelkorrekturen
		  ⇧ bei Übung g) nur ein Tuch nötig – anderes in Hosentasche stecken
		  ⇧ auf Flugbahn des Tuches hinweisen (liegende 8)
		  ⇧ Zu h), i): Schüler Farbfolge der Tücher leise mitsprechen lassen
		    Bsp: h: rot-blau-rot-blau
		          i: rot-blau-blau rot
		  ⇧ zu i: das als zweites geworfene Tuch wird als erstes gefangen
		    evtl Hilfe: „Während deine Hand nach dem Wurf von Tuch 2 herunterkommt, fängt sie Tuch 1"	

• **Vorübungen mit 3 Tüchern**
➤ alle drei Tücher nacheinander schräg werfen
  - Tuch 1 fangen, 2 und 3 fallen lassen
  - Tücher 1 und 2 fangen, 3 fallen lassen
  - Alle werfen und wieder fangen
	• Reihenfolge der Tücher bei der Dreituchjonglage erlernen	• **Vormachen L, mitmachen S.**
		➤ Erklären, wie man 2 Tücher in einer Hand hält
		➤ Reihenfolge der Tücher beachten
			• großer Innenstirnkreis
			➤ 3 Tücher pro Schülerin

Phase / Zeit			
Festigung Ca. 20 Minuten	• **Fortlaufend jonglieren** ➢ Allein	• Fließendes Jonglieren von 3 Tüchern erlernen	• Innenstirnkreis bzw. später im Raum verteilt ➢ 3 Tücher pro Schülerin
	• **Lehrerdemonstration** bzw. **Schülerdemonstration**, falls jemand schon fortlaufend jonglieren kann		
	• „Versucht jetzt, das 1. Tuch wieder los zu werfen, dann das zweite usw. Werft immer abwechselnd rechts-links."		
	• Wer noch nicht so weit ist, übt die Vorübungen weiter		
	• Wer nach 3 Würfen nicht weiterkommt: 4. (=1.) Tuch werfen, ohne zu fangen.		
	• Versuchen, 20 Würfe am Stück zu schaffen		
	➢ für Könner: mit Partner - Nebeneinander - Abgeben - Tücher klauen	• Förderung der Teamfähigkeit	
	• **Differenzierung:** ➢ wer 20 Würfe schafft, probiert Partnerjonglage aus (siehe Anhang)		
Anwendung Ca. 15 Minuten	• **Präsentation erarbeiten**	• erlernte Elemente kreativ kombinieren	• Gruppen zu 4-6 Schülerinnen ➢ 3 Tücher pro Schülerin ➢ Musik
	• **Bewegungsaufgabe:** „Erstellt in eurer Gruppe eine Präsentation, in die ihr die Kaskade sowie einige Schwung- und Fangübungen einbaut"	• Förderung der Teamfähigkeit	
	➢ Auch Partnerjonglage kann eingebaut werden ➢ Schönen Anfang und Schluss finden ➢ im Rhythmus der Musik jonglieren	• Förderung der Kreativität	
Kontrolle Ca 10 Minuten	• **Präsentation vorführen**	• Förderung der Präsentationsfähigkeit	• Innenstirnhalbreis sitzend, präsentierende Gruppe davor ➢ 3 Tücher pro
	• Gruppenweise präsentieren • Applaus nach Demonstration	• Lernerfolg sichtbar machen	

			Schülerin ➢ Musik
Schluss Ca. 3 Minuten	• **Reflexion**	• gesammelte Erfahrungen zusammentragen	• Was hat euch bei der Präsentation gefallen, was nicht? Warum? • Was ist euch beim Jonglieren schwer gefallen?	• Innenstirnkreis, sitzend ➢ keine

7. Literatur

- Ministerium für Bildung, Wissenschaft und Weiterbildung, *Lehrplan Sport*, Sekundarstufe I (Klassen 5 – 9/10), Mainz, Rheinland Pfalz, Sommer Druck und Verlag, Grünstadt 3/1998
- Finnigan, Dave: Alles über die Kunst des Jonglierens, DuMont Buchverlag, Köln 1988

8. Anhang

8.1. Ablauf der Dreituchjonglage[9]

Siehe Quellenverweis

8.2. Partnerjonglage mit 3 Tüchern

8.2.1 Nebeneinander[10]

Siehe Quellenverweis

8.2.2 Abgeben

Ein Partner jongliert mit drei Tüchern und wirft nach kurzer Zeit dem zweiten Partner direkt nacheinander alle drei Tücher zu, so dass dieser ununterbrochen weiterjonglieren kann

8.2.3 Klauen

Ein Partner jongliert mit 3 Tüchern. Der zweite Partner greift nacheinander die drei Tücher aus der Jonglage des ersten Partners heraus und jongliert so ununterbrochen weiter.

---

[9] Abbildung aus Finnigan, D. (1988), S.17
[10] Abbildung aus: Finnigan, D. (1988) S. 29